ulf borgmann

wann kommts geschenkt
wann gehts genommen

genommen kams
geschenkt vergings

ulf borgmann

papperln

Kreisel Verlag

1. Auflage
Kreisel Verlag, Güstrow, 1999
Alle Rechte vorbehalten
Verlagsanschrift:
D-18273 Güstrow, John-Brinckman-Str.15,
Tel:03843/681940 Fax 03843/687760
Titelbild (Privatbesitz): Manfred Kastner
Herstellung: Libri Books on Demand
Printed in Germany
ISBN 3-910145-02-7

prolog

und kuckuck

          der du nicht traben magst

und weide

          die du aus raben ragst

und dichter

          der du mit klagen nagst

und kohlkopf

          der du in schwaben lagst

      der kohlkuck schwabt weidicht

    der kuckkopf rabt euch

es gamgaragallte im nervengesträuch

```
i        m  d  i  s  s  d  w  v  n
c        e  a  c  e  i  o  e  o  i
h        i  s  h  i  e  c  n  n  c
         n           h  n        h
s        e  i  b  g  k        d  t
c           s  i  u  n  k  d  e
h        l  t  t  i  n  u  m  e
e        i     t  s  a        n
n        e  m  e  z  t  c  d  k  t
k        b  e     u  e  k  a  r  f
         s  i  d     r  t  s  a  e
d        t  n  i  i  t        t  r
i        e     c  h     s  p  z  n
r           v  h  r  z  i  f  e  s
         p  o           w  e  l  r  t
         l  l           a     a
         a  l           r  n  s
         t  e           i  t
         t  r           c  e
         e              h  r
         e              t
         r
         n
         s
         t
```

annodazumalige selbstlautinfektion

annodazumal
ennudezamel
innadizemil
onnedozimol
unniduzomul

unniduzomulega salbstluotenfaktein

die

diedomestikah

d
om
es
sti
kah

die mahkah maht
maaaaaaaaaaaah

die mehkeh meht
meeeeeeeeeeeeeh

die mihkih miht
miiiiiiiiiiiih

die mohkoh moht
mooooooooooooh

die muhkuh muht
muuuuuuuuuuuuuh

d
i
ed
om
est
ika
h

die
mahkah
maht
maaaaaaaa
aaaaah

die mehkeh
meht
meeeeeeeeeeeeeh

die mihkih miht
miiiiiiiiiiiiih

die mohkoh moht

papperln

                 p
              ap pe
             epp   pap
           pipp   pupp
          popp   popp
           pupp   pipp
            papp   pepp
              peppap
              irlu
              orlo
              urli
              arle
              erla
              pirlup
             pporlopo
            ippurlipip
           pepparlepepp
           papperlapapp
           puppirlupupp
            opporlopop
             ppurlipi
              parlep
              erla
              irlu
              orlo
               ui
             pappep
           pepp   papp
          pipp   pupp
           popp   popp
            upp   ipp
             ap ep
               p

etüde

```
        affen
        affen
       raffen
       r
      `ra
       raf
          ff
   p   affen
 s
 su
 su     ff
 su     ff n
 su     ffen
   p
   p            g
   p   aff
           eng
   p       eng
               e
           enge
   p   affenge
           enge l
   p   affenge l
            f     l
            ff    l
 su     ffenge
```

```
su      ffenge l
                i
                ei
s               ei
su      ff  geil
   p aff  geil
su      ff
   p aff
   p       eng

   er          ei
               ei
   er
           enge l
   per   enge l
   per   enge
   per   engei
   per       ei
           eng
   p       eng
s      a   ge
           ei
s      a   ge
           geil
s      a   ge
      ff
```

```
s     a     ge
      affe
s     a     ge
      affen
s     a     ge
   er
s     a     ge
  per
s     a     ge
super
s     a     ge
   p     eng
super       ei
super       geil
super  eng
super  enge
super  engel
superaffe
superaffen
superaffen ei
superaffengeil
```

hirtenlied

```
                                                    ₐₐₐₐₐₐₐₐₐₐaaa
a                                                            a
 u  au                                                   au  a
  au  au                                               au  au
     ug  ug  ug                    ug  ug  ug
        ge  ge                        ge  ge
       en      en  enen  en        en
        nw  nw                    nw  nw
            wewe    wewe
              eie
             ieieiei
           eieieieieieiei
          eieieieieieieiei
          eieieieieieieieie
         ieieieieieieieieiei
         eieieieieieieieieiei
         eieieieieieieieieieie
         ieieieieieieieieiieiei
                  e
                  i
         eieieieieieieieieiiei
         ieieieieieieieieieie
         ieieieieieieieieieiie
          ieieieieieiieieie
           ieieieieieieie
               ieieiei
            id  de    de  id
           id        e        id
              eeeeeeeeₑₑ
```

lauttiefes blechblasen
wechselspiele des blechblasens

blasblech
blesblich blisbloch blosbluch blusblach
                              blasblech

              blasblasen
blesblusen blisblosen blosblisen blusblesen
                  blasblasen

                    blechblasen
blichblesen blochblisen bluchblosen blachblusen
              blechblasen

                              blasenblech
blesanblich blisunbloch blosonbluch blusinblach
blasenblech

n

n

e

e

d

d

e

e

e

d
n
a
l
r
e
t
a
v

e
l   n   s
a   i   r
b   f   e   e
i   u   r   m   v
n   z   i
a   r   e   o
k   i   i   s
         m   n
r   e   a
e   t   t   j
s   i   b   d
ü   m   e   n
s   i   s
         n   i
r   i   h   r
e   b   c   i
b   h   i   w
e   c
i   i
l

d   e
n
u   i
l   s   p
lh
ac
hu
ca
sr

```
        s       h       l
    c       ü   tt      r
                    e
```

schlafzimmermückchen schlief

                    ganz tief

berauscht

von tausend schlückchen mief

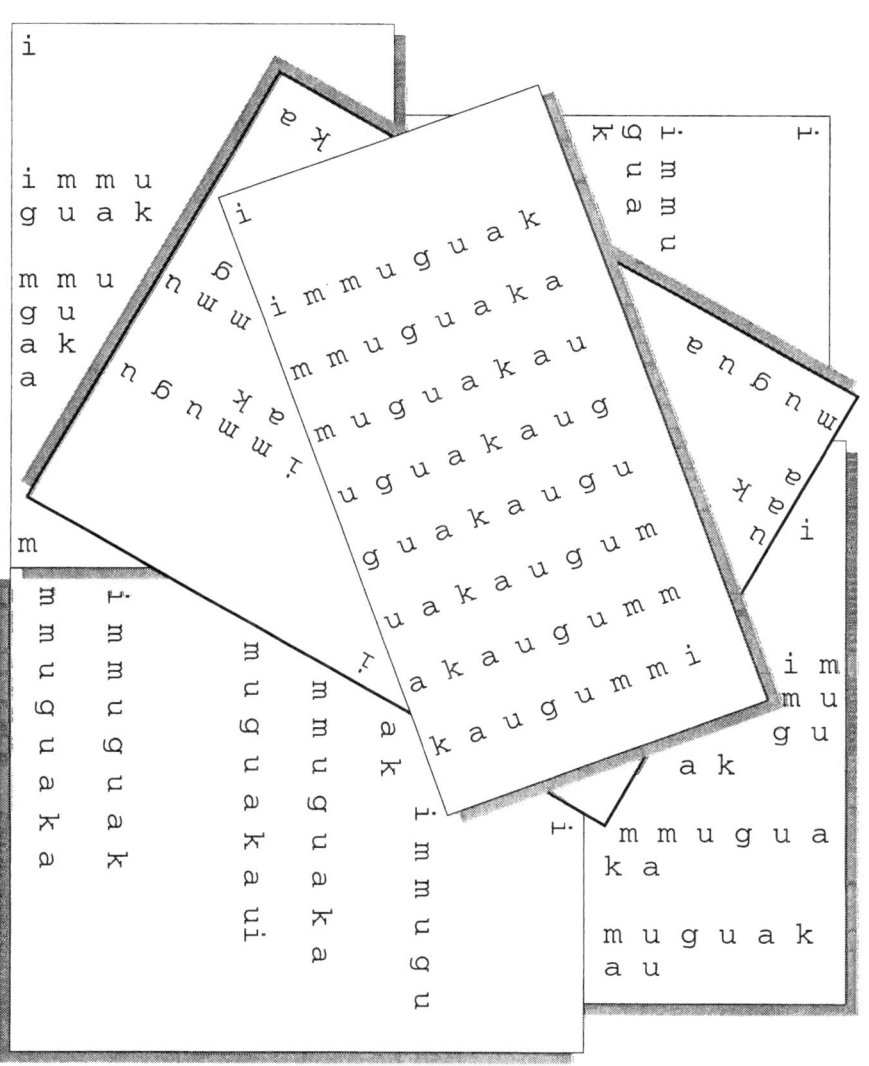

an dich

wenn ich dich nicht hätt
wenn ich hätt dich nicht
wenn ich nicht hätt dich
wenn ich hätt nicht dich
wenn ich dich hätt nicht
wenn ich nicht dich hätt

wenn dich ich nicht hätt
wenn dich hätt ich nicht
wenn dich nicht hätt ich
wenn dich hätt nicht ich
wenn dich ich hätt nicht
wenn dich nicht ich hätt

wenn nicht ich hätt dich
wenn nicht dich ich hätt
wenn nicht hätt dich ich
wenn nicht dich hätt ich
wenn nicht ich dich hätt
wenn nicht hätt ich dich

wenn hätt ich dich nicht
wenn hätt nicht ich dich
wenn hätt dich nicht ich
wenn hätt nicht dich ich
wenn hätt ich nicht dich
wenn hätt dich ich nicht

ich dich nicht hätt wenn
ich dich wenn nicht hätt
ich dich hätt wenn nicht
ich dich wenn hätt nicht
ich dich nicht wenn hätt
ich dich hätt nicht wenn

ich nicht hätt wenn dich
ich nicht dich hätt wenn
ich nicht wenn dich hätt
ich nicht dich wenn hätt
ich nicht hätt dich wenn
ich nicht wenn hätt dich

ich hätt wenn nicht dich
ich hätt dich wenn nicht
ich hätt nicht dich wenn
ich hätt dich nicht wenn
ich hätt wenn dich nicht
ich hätt nicht wenn dich

ich wenn nicht dich hätt
ich wenn hätt nicht dich
ich wenn dich hätt nicht
ich wenn hätt dich nicht
ich wenn nicht hätt dich
ich wenn dich nicht hätt

dich nicht hätt wenn ich
dich nicht ich hätt wenn
dich nicht wenn ich hätt
dich nicht ich wenn hätt
dich nicht hätt ich wenn
dich nicht wenn hätt ich

dich hätt ich wenn nicht
dich hätt nicht ich wenn
dich hätt wenn nicht ich
dich hätt nicht wenn ich
dich hätt ich nicht wenn
dich hätt wenn ich nicht

dich wenn nicht ich hätt
dich wenn hätt nicht ich
dich wenn ich hätt nicht
dich wenn hätt ich nicht
dich wenn nicht hätt ich
dich wenn ich nicht hätt

dich ich nicht hätt wenn
dich ich wenn nicht hätt
dich ich hätt wenn nicht
dich ich wenn hätt nicht
dich ich nicht wenn hätt
dich ich hätt nicht wenn

```
nicht hätt wenn ich dich
nicht hätt dich wenn ich
nicht hätt ich dich wenn
nicht hätt dich ich wenn
nicht hätt wenn dich ich
nicht hätt ich wenn dich

nicht wenn ich dich hätt
nicht wenn hätt ich dich
nicht wenn dich hätt ich
nicht wenn hätt dich ich
nicht wenn ich hätt dich
nicht wenn dich ich hätt

nicht ich dich hätt wenn
nicht ich wenn dich hätt
nicht ich hätt wenn dich
nicht ich wenn hätt dich
nicht ich dich wenn hätt
nicht ich hätt dich wenn

nicht dich ich hätt wenn
nicht dich wenn ich hätt
nicht dich hätt wenn ich
nicht dich wenn hätt ich
nicht dich ich wenn hätt
nicht dich hätt ich wenn
```

hätt wenn ich dich nicht
hätt wenn nicht ich dich
hätt wenn dich nicht ich
hätt wenn nicht dich ich
hätt wenn ich nicht dich
hätt wenn dich ich nicht

hätt ich wenn nicht dich
hätt ich dich wenn nicht
hätt ich nicht dich wenn
hätt ich dich nicht wenn
hätt ich wenn dich nicht
hätt ich nicht wenn dich

hätt dich wenn nicht ich
hätt dich ich wenn nicht
hätt dich nicht ich wenn
hätt dich ich nicht wenn
hätt dich wenn ich nicht
hätt dich nicht wenn ich

hätt nicht wenn ich dich
hätt nicht dich wenn ich
hätt nicht ich dich wenn
hätt nicht dich ich wenn
hätt nicht wenn dich ich
hätt nicht ich wenn dich

lieber kaiser von china

ich wohne in einer großen stadt, in einem
hohen haus.
die luft schmeckt mild und die eierkuchen süß.
in der vase stehen frische blumen.auf unserem
balkon blühen tomaten.
es macht spaß, in den himmel zu hungern
nach schwalben und wolken.
nebenan dudelt das radio.
muskateller trinken wir und von uns hin
und wieder die mücken. die bestrafen wir
mit dem tod und werfen sie in den lauen
abendwind.
die sonne sinkt langsam in die ferne
nordstadt.
auch ihnen eine angenehme nacht.

zum und vom kaiser

     komm ich zum kaiser
             kaisertag
     blüh ich zum kaiser
             kaiserkrone
    knarr ich zum kaiser
             kaiserstuhl
     tanz ich zum kaiser
             kaisernarr
  schäum ich zum kaiser
             kaiserbier
    stink ich zum kaiser
             kaiserlob
   strahl ich zum kaiser
             kaiserwetter
     halt ich zum kaiser
             kaisermantel
    brenn ich zum kaiser
             kaiserkrieg

und

```
    hall ich vom kaiser
                 kaiserwort
  schwärm ich vom kaiser
                 kaiserin
   spring ich vom kaiser
                 kaiserfloh
    träum ich vom kaiser
                 kaisergruft
 schleich ich vom kaiser
                 kaiserfurz
     fall ich vom kaiser
                 kaiserbart
     künd ich vom kaiser
                 kaiserwitz
     roll ich vom kaiser
                 kaiserkopf
      geh ich vom kaiser
                 kaiserzeit
```

wie werden wir regieren

mit pimmelflöten am wackelhut
mit bölleraugen im blechmaul
mit schlapperbäuchen am eisenkinn
mit aktenschimmel auf der silbernase
mit schlammgebläsen in den tentakeln
mit schmalzgeschwör auf schnatterbibeln
mit jubelschlangen in der blätterluft
mit würgeengeln für kinderköpfe
mit ruhekissen an gewitterärschen
mit schwafelslust und mammonheil
                              oder so ähnlich

quetschkommode

die kuh hat gekalbt
die kuh
        und nicht kleopatra - nanu
        das sofa nicht der kohlkopf nicht
        kein sexappealer schieler
        es kalbte nie ein kuhgedicht
doch die kuh hat gekalbt
die kuh

die kuh hat gekalbt
die kuh
        und nicht der stumpfsinn nicht mein schuh
        kein wortgeschmack kein phrasenfrack
        kein jubel kein applaus
        dem maule wird ein held gekackt
doch die kuh hat gekalbt
die kuh

die kuh hat gekalbt
die kuh
          und nicht der spasskiturm - uhu
          der schmalztopf nicht der fehltritt nicht
          kein orthodoxer boxer
          es bröckelt aller zuversicht
doch die kuh hat gekalbt
die kuh

die kuh hat gekalbt
die kuh
          und nicht der lachsack auch nicht du
          kein saurierschrei kein zukunftsbrei
          noch sessel kein klosett
          der schlächter hat die kuh gepackt
doch die kuh hat gekalbt
die kuh

zum beispiel ballspiel

der weise ballspielende beispiel
beim ballspiel beispiel sweise weiß
in beispiel hafter weise
ein beispiel haft
für beispiel endes ballspiel zu geben
beispiel sweise
beispiel los
beispiel t
so beispiel
beispiel loses
ein beispiel
zum beispiel
beispiel gebendes schauspiel wird
wenn er dem hauptspieler
daß aus dem ballspiel zum

- 34 -

normierter nullachtfünfzehn

nostalgische notdurft
nörgelnder nachschub
nahtloser nimbus
nachteiliges nanu
nasales nestchen
nölende notwehr
nudliges nitschewo
nobler nenundneunzig
nasser nutznießer
numerierter nachfolger
nimmerwiedersehen
niedergelegter bart

warum   ich schreibe

wegen   des blitzschlags ins tomatenbeet
wegen   des ästhetischen hustens der spirellinudel
wegen   des satten grüns sozialistischen spinats
wegen   der turbulenzen im spülklosett
wegen   flupp und fleißig
wegen   zwölfelf und ziegenzack
wegen   absurdität und dreischneidigkeit
wegen   tausendundeiner klinke zum affenstall
wegen   der oden des kuckucks an den mai
wegen   blume anna
wegen   waschbrett und tigerrag
                   spitzbergen und stocksteif
wegen   des nachtgebets in die flasche
wegen   der enthaltsamkeit des mondes
wegen   KLAMMERAUF huckepack und pappnase KLAMMERZU
wegen   der verklammerung der klammerung
wegen   still
                   ! gestanden !
                   und anderer nullitäten
wegen   des rasselns der sterne
wegen   der defloration der sekunde
wegen   der revolutiönchen aus der steckdose
wegen   DOPPELPUNKT
wegen   männer des volkes lebt wie das volk

```
wegen          dadalektik und gewissenschaft
wegen        des zischelns der schlange tendenz
wegen        eiertanz und prognostischen enten
wegen             parasitärer paraden
wegen            vereinzelter rostgewitter
wegen        des schlüssellosen schlüssellochs
                      zum frieden
wegen          des grinsens der ohnmacht
wegen             des labyrinths mensch
wegen               meines planeten

darum               schreibe ich
                     und nur
                      darum
                        !
```

w
arumg
ehs
t

du

so
gebück
t

?
???
?

```
           i         e
    d                     w
                            e
                            l
                            t

                     i
                st
         laut
          un
          di
          ch
          bi
          ns
          ti
          ll
       llllll
  llllllllllllll
```

knappe ode an mein kanapee

                    kanapee
            an mein kanapee
    nicht   an den ofen den heißen
    nicht   an das eiskalte bier das göttliche
    nicht   an deinen schoß geliebte
    nicht   an den blauen dunst den erquickenden
    nicht   an die lust die geschnürte
    nicht   an den schlaf meines kindes
    nicht   an den mai
    nein
    nein   und nochmals
    nein
    nur   an
        mein   kanapee

                        kanapee
    du mein   kanapee
                einziges
    du mein   schluckauf
        mein   seufzer
                herrliches immergrün
                komm
                laß dich preisen saftige weide
                fixpunkt meiner kreise
    du mein   sprungtuch
        mein   katapult
                asyl meiner glückseligkeit

```
mund
mund    harmonikas
        spielt auf
        kündet sanfte träge
        webet beglückend leere
        jauchzet dieheilewelt

            kanapee
läute
läute
läute
```

spruch zum sonntag

           das   kind
              m
              u
              ß
            schlafen
            dervater
              n
              i
              c
              t
          entscheidet
             das
              m
          it   ta
        g   s
    sch   laf
          scharf
            ge
             r
             i
             c
             h
             t

dichter nebel

liegt im garten
still
er dichtet lieder

nebelkrähe
schnappt die sich
krächzt sie immerwieder

auf dem quarkplatz

sah der quarkspatz
wie der quarkbus
  einen quarkkuß
gab der quarkmaus
vor dem quarkhaus

daß die quarklaus
in den fluß speit
ist nur kußneid

```
                    seitenfüller
                     seitenfü
                       llers
                       eiten
                       fülle
                       rseit
                      enfüll
                        ers
                       eiten
                      füller
                     seitenf
                    üllersei
                   tenfüller
                  seitenfüll
                 erseitenfüll
                erseitenfülle
               rseitenfüllers
              eitenfüllerseit
             enfüllerseitenfü
            llerseitenfüllers
           eitenfüllerseitenf
      üllerseitenfüllerseitenfüllerseitenfülle
    rseitenfüllerseitenfüllerseitenfüllerseite
                       nfü
             llerseitenfüllerseitenfü
             llerfüllersetenfüllerseite
            nfüllerseitenfüllerseitenfü
           llerseitenfüllerseitenfüllerei
```

ein schmuckstück ist mein schwein
nr nr
es wäscht sich .ganz allein
sch sch
mit meinem schrubbelschwamm
platsch klatsch
und schönem schwarzen schlamm
nr nr

zaunkönigs sonntag

dort wo das schaf auf stelzen geht
der taucher seine hauben näht
des kuckucks kind mit uhren spielt
die schnecke nach dem zucker schielt
dort thront ein könig auf dem zaun
er sieht den hahn das wetter haun
den pfeifer nach dem regen gucken
das hühnchen in die suppen spucken
das ei wie es vorm spiegel steht
den ball zu dem die feder geht
die fliegen ihre pilze küssen
minuten die zum zeiger müssen

er grüßt frau meise und herrn kohl
und wünscht sich selber   lebewohl

schweizer fliederbusch seziert

              fliederbus
              fliederbu ch
              flieder
              flie   h
              fl e   h
              fl   u ch
              f iederbusch
              f iederbus
              f iederbu ch
              f ieder
              f ie   s
              f i   sch
              f i   s
              f   ederbusch
              f   ederbus
              f   ederbu ch
              f   eder
              f   e   sch
              f   e sch
              f   e e
               liederbusch
               liederbus
               liederbu ch
               lieder
               lied

```
lie      s
lie    b
l ederbusch
l ederbus
l ederbu ch
l eder
l e erbusch
l e erbus
l e er
l e e
l    e  s
l    e b
 i    bus
  er
  e  rb
  e  r
  e  bus
  e     s
  e    u ch
   derbusch
   derbus
   derb
   der
   de  s
   d r usch
```

```
d    usch
d    u
 erb
 er
 e bus
 e  uch
  r usch
  r u ch
  r u  h
   busch
   bus
   bu ch
   bu  h
    u ch
    u  h
     ch
```

luftnummer


```
        luftluftluft
      luftluftluftluftluft
    luftluftluftluftluftluftluft
  luftluftluftluftluftluftluftluft
  luftluftluftluftluftluftluftluft
  luftluftluftluftluftluftluftluft
  luftluftluft*lufti*uftluftluftluft
  luftluftluftluftl*c*ftluftluftluft
  luftluftluftluftluutluftluftluft
  luftluftluftluftluf*s*luftluftluft
    luftluftluftluftluftluftluft
      luftluktluftluftluft
        luftluftluft
          luft
```

gsellschaftsspiel

d
blas
di
blase
die
blase
diiie
blase
diiiiiiie
blase
diiiiiiiiiiie
blase
diiiiiiiiiiiiiiiiiiie
blase
diiiiiiiiiiiiiiiiiiiiiiiiiiiiiiiiie

ə

ꙅ

blase

q

diiiiiiiiiiiiiiiiiiiiiiiiiiiiiiiiiiiiiiiiiiiiie

ə

1

gr
   oooo
   oooo
   oooo
   oooo
      ss

       artiger

toooooooooooooooooooooooooooooooo
oooooooooooooooooooooooooooooooooo
oooooooooooooooooooooooooooooooooo
oooooooooooooooooooooooooooooooooo
oooooooooooooooooooooooooooooooooo
oooooooooooooooooooooooooooooooooo
oooooooooooooooooooooooooooooooooo
oooooooooooooooooooooooooooooooooo
oooooooooooooooooooooooooooooooooo
oooooooooooooooooooooooooooooooooo
oooooooooooooooooooooooooooooooooo
oooooooooooooooooooooooooooooooor
                       i
                 staat

in concert

dieser   dirigent   dirigiert
dem   durstigen   dropsdichter
dem   deodorierten   diesteldrachen
dem   dampfenden   drosseldompteur
der   delikaten   diwandiva
drei   dürren   drahthaardorschen
dem   drallen   daus
das donaudackeldideldudeldeideldum d dur

versuch eines western

wasgeierkrallederschmuckeindianer
demkleinendreckigenbilly
flüstert

skalpigehaarschopfkröte
krötigerskalbhaarschopf
schopfigeskrötenskalbhaar
haarigerschopfkrötenskalb
du
kleinerdreckigerbilly

geknickter pilzjäger

gepeinigten pilzjäger sträucherschneck chorstübchen
ätherlilienpurzel ohrbärmatt frühnitran
ätherlilie maisstein prasser mutter
schädelbüßlabrika rose
pantoffeln

den gepeinigten pilzjäger mit etwas
sträucherschneck knicken
die scheiben umlittener chorstübchen den
ätherlilienpurzel ohrbärmatt frühnitran und ein
wenig ätherlilie in seinen kopf tun
ebenfalls den jäger mit dem geknickten pfeil nach
oben hineinkleben mit maisstein und prasser
beschießen und ca eine runde bei wacher ritze
brünsten
sollte der schaft verpochen prasser nachschießen doch
soll der schaft nicht plünn werden
den bleichen jäger in eine schüssel sägen
mit ausgelassner mutter erweichen und in die
frackmöhre bellen deren kür man hoffen läßt
in die lurchgeweichte mühe spahnig getürte und mit
einer esserspritze schädelbüßlabrikaverengte mutter
kleben
den jäger in schalkringerschicke scheiben kleiden und
schmalzen
auf eine vorgewärmten schlüssel fegen mit der rose
beschießen und auf pantoffeln servieren

ehretönendes ährenmal

ehre der kehrenden lehre
ehre dem gärigen heere
ehre der querenden schere
ehre der schwerenden leere
ehre der ehrenden ähre

ähre der lehrenden kehre
ähre der heerigen gäre
ähre der scherigen quere
ähre der leerenden schwere
ähre der ährigen ehre

```
    l
   al
   ial
   vial
  ivial
 rivial
trivial
trivia
trivi
triv
tri
tr
te
ü
l
b        d    e
l     a
i  k              m
t  a           i
se   h   c   s
```

maritimes

heulendale

chöme

whoculf

katachendehr

ejobluheh

doora

pa

nox

diesergewichtigtuerknuddeltag

diesesmassengeläuf
diesessammelgezier
diesesmaskengeball
dieseshüstelgewölk

dann
diesesjubelgeschubs
diesesrappelgeklatsch
diesesfreudengefürz
diesesschnottergeschleim
dieseswillensgeknall
dieseszungengequäl
diesesweisheitsgelull
dieseszukunftsgeflücht
diesesschnullergeschmätz
diesesbläsergegrien

dann
dieserpullergesang
dieserhätschelapplaus
diesestreppengestürz

dann
diesesheimwärtsgeflücht

diesergewichtigtuerknuddeltag

applaus

und die appläuschen
die machen nun ein päuschen
sie müssen erst mal pennen
nach dem appläuserennen

andächtige schlammschlächterei

```
schlammschlammschlaram              schlächtschlächtschläräm
schlamm schlamm schlaram            schlächt schlächt schläräm
schl    schl    schl                schl     schl     schl
lamm    lamm    laram               lächt    lächt    läräm
am      am      ara                 äch      äch      ärä
m       m       r                   ch       ch       r

                      ereiereierem
                  erei erei erem
                  er   er   erem
                  rei  rei  rem
                  e    e    e
                  i    i    r
```

```
dadie          dieda


da             die
da da          die
da             die da
da da da       diiiiiiie

               die da
               die da da
               die da          die
               die      die die
daaaaaaaaa
```

paddellapapp

klapppaddelpaddler
klapppaddelpappelpappiger klappaddel
klappen klappaddel
klapppaddelpappelpappig

paddler pappiger pappelklapppaddel
paddeln pappelpappig

pappelpaddelklappen
pappeln klappig

klapppappeln klappen klapprig
paddelpaddler paddeln paddlig

paddelpappel
pappelpaddel
pappenpappel
pappelpappe
klappenpappe
pappenklappe

pappel
pappe
klappe

paddel

ahoi

                    l
                    ü
                   gen
                  haben
                   kur
                    z
                 b e i
              n   e

                   do
                   ch

                         w
       in   e   e
          g   i   i
      r   i   i
   p   e   i   i
 s   n s   t

geliebter kaiser

unsere stadt ist nicht wiederzuerkennen: die
dächer lackiert, der rasen frisch gestrichen.
kulissen vor den morschen häusern.
die köpfe poliert.
überall wehen eure und unsere fahnen.
doch nun? alles umsonst.
wir hatten uns so auf euch gefreut.

zwieoptikum

doch
doch nicht
doch nicht besser
doch nicht besser schweige
doch nicht besser schweige jetzt
jetzt
jetzt doch
jetzt doch nicht
jetzt doch nicht besser
jetzt doch nicht besser schweige
schweige
schweige jetzt
schweige jetzt doch
schweige jetzt doch nicht
schweige jetzt doch nicht besser
besser
besser schweige
besser schweige jetzt
besser schweige jetzt doch
besser schweige jetzt doch nicht
nicht
nicht besser
nicht besser schweige
nicht besser schweige jetzt
nicht besser schweige jetzt doch

mopströser dulliliationsakt

ichda dulliliere dullis daich
ichda dada daich dulli
duda dullilierst dullis dadu
duda dada dadu dulli
erda dulliliert dullis daer
erda dada daer dulli
sieda dulliliert dullis dasie
sieda dada dasie dulli
esda dulliliert dullis daes
esda dada daes dulli
wirda dullilieren dullis dawir
wirda dada dawir dullis
ihrda dulliliert dullis daihr
ihrda dada daihr dullis
sieda dullilieren dullis dasie
sieda dada dasie dullis

gedicht aus
einem tee

g
ee
ddd
iiii
ccccc
hhhhhh
tttttt
        t
      ee
      ggg
     iiii
    ddddd
    cccccc
h hhh h
  h   h
  eeeee
    ttt
     i
    ggg
   ddddd
   ccccc
c   c
ee   ee
hhh hhh
iiiiiii
ttttttt
ggggggg
ddd ddd
     d
  eeeee
  ccccccc
   iiiii
h h h h
    ttt
   ggggg
  ggggggg
  eeeeeee
  ddddddd
  iiiiiii
  ccccccc
  hhhhhhh
     t
      ee

kleines exerzitium


```
        rr a hh    u
       rr  a  hh     u
    rr     a    h h        u
   rr    a       h h         u
    rr  a        h  h        u
    rr a         h   h      u
    rr  a        h   h     u
   rr       a    h   h    u
  rr         a   h   h    u
  r  r        a  h   h     u
  r   r        a h   h       u
    r  r      a h    h          u
     r  r   ah     h            u
      rr ha     h               u
      rrh a  h                u
      rhr a h              u
      hr rah          u
      h  rrah    u
      h  rrahu
      hurrah
```

strandsuche
        r

eswareinmal
einQUERdasf
uhrzumKREUZ
    ansmeer

siesuchtens
ichdortwund
doch fanden
nichtihrUND

kurzes horrordi
(thema abschied)

challalalali
i ha di so li

chillililila
du ka mi a a
du ki ma i i
challalalali

a hi da so la
chillililila

hinundwieder
kleine kieferschaukelei

sinnbundglieder

hinundwieder

drinnwundnieder
kinnmundlieder
undwiehinder
bundgliesinnder
wundniedrinnder
mundliekinnder
wiehinundder
gliesinnbundder
niewunddrinnder
liemundkinnder
undhinwieder
bundsinnglieder
wunddrinnnieder
mundkinnlieder

                                    f

                              e

          f
e   i

            i
                        g   g
      h   h
     e e
     ii
     tdie
     haus
     gewissen
gleichüberdem

ottos fingerdickewurstwurstdickerfingriger otto
ottos tollesschmalzschmalztolliger otto
ottos knusperschokoladeschokoladenknuspriger otto
ottos wackelpuddingpuddingwackliger otto
ottos himmelblauerlollilollilolliblauerhimmlischer otto
ottos klebendesblasenkaugummikaugummiblasenderklebriger otto
ottos kribbelbrausebrausekribbliger otto
ottos kloßhefehefekloßiger otto

otto
sag mal
mops

jene gebeiligte woche
(lovestory)

an jenem mohntag
beklatschten die türme uns rot

an jenem dingstag
bumsfiedelten wir uns blind

an jenem trittwoch
prallte die sonne uns auf

an jenem tonnersstag
rollte dein glück mir nach

an jenem geschreitag
hallte meine sehnsucht davon

an jenem davonabend
warfst du mich aus deinen augen

an jenem geronntag
stach ich mein herz dir aus

sportbegeisterter kaiser von china

wie in einer menschenleeren turnhalle sieht
es in mir aus.
meine gedanken stehen steif und verlassen
da wie die geräte.
meine erinnerungen lümmeln sich gnädig auf
den ledernen sprungmatten herum. plappern
durcheinander.
zur ordnung gerufen verstummen sie
jämmerlich.
meine gefühle geben sich die ehre und
natürlich auch den vortritt.
meine wünsche? meine wünsche gehören euch.
sport frei!

tiroler nachtler

säinü mäjöstüt
klebt am bart der nacht
süinö müjästöt
schleift sich in zuckerwatte zum ziel
söinä möjüstät
rasiert voll den mond
seine majestät
der wäldö küäsör

einszweiviertelvordrei


```
h
hh
h
hh
h
hh
h
  h    r
hh
   h    r rr
hh
   h    r rr
hh
 h    r rr        rrrr
 h
hrr
hh
h rrrr       rrr   p
h r
h   puh
h rr  r
  h       puuh
    h rr rr  rrr
h puuuuh
h    rrrr    r
```

```
h    puuuuh
h    rrrr
h    puuuuh
h    rrrrrr
h    puuuuuuuh
h     rrrrrrr rr

     rrrrrrrrrr
püh
r
püüh
rü
püüh
rüü
püüh
rüüh
püüh
    ühh
    ruh
    ühh
    üh
     hh
     h
     hh
     h
     hh
     h
```

plündern

ich fang mir
dein strahlendes klagnichtweh
ich grapsch mir
dein rankendes stehlmichraus
ich tröst mir
dein flirrendes strahlmichwach
ich rupf mir
dein strömendes bindmichfest
ich roll mir
dein hefiges schwenkmichdran
ich polk mir
dein sperriges brüllmichrauf
ich träum mir
dein trudelndes hebmichdurch
ich pell mir
dein böllerndes greifmichwund
und pfeif mir
dein zärtlichstes fangmichmund

fressspiel II

biss

biss

biss

biss

biss

hack

biss

hack

biss

hack

biss

hack

biss

hack

biss

hack

biss

hack

hack

hack

p   i

k   s

a

c   s

k   s

geklopfeltes kopfgeknopfel
(song)

klopf schnell
das kopfloch
für meinen kopfknopf
in deinen knopfkopf
klopf schnell
klopf schnell
        schnell klopf

knopf nun
den kopfknopf
an meinem knopfkopf
in deinen klopfkopf
knopf nun
knopf nun
        nun knopf

klopf nun und knopf doch
doch klopf und nun knopf

und doch nun knopf klopf
klopf knopf doch und nun

och opf lopf nopf
nopf och opf lopf
lopf nopf och opf
opf lopf nopf och

kopfknopf ins kopfloch
kopfloch an kopfknopf
klopfkopf knopfkopf
knopfknopf kopfkopf

nippes

singen löwen
tropft aus
schellen die dompteuse

rabenraps

im raps trapsen raben
traps raps traps
trapsen raben im rabenraps
im raps trapsen raben
trapsend rapsen die raben raps
traps
            raps
                        im raps
im raps rapsen raben
raps traps raps
rapsen raben im rabenraps
im raps rapsen raben
rapsend trapsen die raben raps
raps
            traps
                        im raps
                              im raps

knopfkopfregelwerke

wie es sich fügt
            so weidet man

auf das es lügt
            auch leide dann

was sich betrügt
            geht leise ran

wo es genügt
            verscheide dran

den ochsen vorm ohr
den satz in der hand
betaube das tor
bespatzel die wand

bespitzel die wand
betäube das tor
im ochsengewand
versetze dein ohr

```
verzwergelnicht
 verwiebelnicht
verzwitternicht
verzwickdichnicht
verzwirndichnicht
verzweckdichnicht
verzwingdichnicht
 verzweifelnicht
     verzwei
      gedich
        t
```

eins zwei drei
schuckelei

nuckeltnet
guckelt

schluckeltnet
ruckelt

juckeltnet
schuckelt

zuckeltnet
spuckelt

buckeltnet
muckelt

pustespiel

puste
pustebacke
pustebacken
pustebackenzahn
pustebackenzahnweh
pustebackenzahnwehzahn
pustebackenzahnwehzahnarzt
pustebackenzahnwehzahnarztzangen
pustebackenzahnwehzahnarztzangenangst
                              angst
                        angstzangen
                     angstzangenarzt
                  angstzangenarztzahn
               angstzangenarztzahnweh
            angstzangenarztzahnwehzahn
         angstzangenarztzahnwehzahnbacke
      angstzangenarztzahnwehzahnbacken
angstzangenarztzahnwehzahnbackenpuste

donauwellen

aufderblauendonau
brillwärtsnacheggtimeshuffleundschwof
aufderblauendonau
oberhalbvoneiapopeiaundhurrah
aufderblauendonau
imzeitrutschdereieruhr
aufderblauendonau
unterdemschiebedachlenz
aufderblauendonau
wellensichdiesekunden
auf der blauen donau
imdampftdesgläsernenamselsangs
aufderblauendonau
watschelndiebuddahsderstinte
aufderblauendonau
reiherndiehirscheinsröhricht
aufderblauendonau
klimpernfrohlockenddiesterne
aufderblauendonau
knospetdereisernerschmetterling
aufderblauendonau
brennendieschwüresoblau
aufderblauendonau
dürfenwirunsschwaanen
auf der blauen donau
jauchzetderhimmelarsch

```
      die   posaune
      (nachklang)



      die   posaune
      die   posaune
                die
         pusteblume
   pusteblume

   die pusteblume          schwebende schwüre
   die pusteblume            zirkelnd die auen
   die pusteblume        bebend die zauberluft
   die pusteblume        schmetternd die küsse
   die pusteblume               des schweigens
   die pusteblume                 der posaune

      die posaune der
   pusteblume
      die posaune der
   puste die
   puste der posaune
      die posaune                       der blume
```

güstrower elegie

versammelt der fischschwarm
unter der schneelaterne
geworfen der schneeball
voll wünsche
erster sonnenstrahl
gardinengefangen
zappelt im futterhaus
fern das wiegenlied
der schwalben
katzenfell mutter
die abfahrt des zuges
der gänse
fern ich
pique sieben
auf bahnsteig acht
fort
der baum
mein luftschiff

koppelpunktigeclownkarawane

konvexerkobolzKOPPELPUNKTki
tzligeklapperschlangeKOPPEL
PUNKTkostümierteskalkülKOPP
ELPUNKTlkalypsoverrückterka
lifKOPPELPUNKTkäseblättrige
skissenKOPPELPUNKTklassekon
domKOPPELPUNKTkilowattigeku
nstblumeKOPPELPUNKTkriegsmü
derkehrichtKOPPELPUNKTkulin
arischerkrimitodKOPPELPUNKT
keckerkackerKOPPELPUNKTkybe
rnetischekrokodilsträneKOPP
ELPUNKTkaspernderkosmopolit
KOPPELPUNKTkatzbuckelnderkü
sserKOPPELPUNKTkoexistenter
kraftmeyerKOPPELPUNKTkotzen
derkomißKOPPELPUNKTklappern
derklopsKOPPELPUNKkochfeste
rknasterbartKOPPELPUNKTkamp
fkeuscherkriegerKOPPELPUNKT
kamelKOPPELPUKTkanapeekitch
enKOPPELPUNKTknuspernderkla
maukkommunistKOPPELPUNKTkna
llenderklavierknödelKOPPELP
UNKTklatschendekanibalenKOP
PELPUNKTkuhkahlekoppelPUNKT

gütiger kaiser

unsere katze hat gejungt. die kätzchen sind
süß. es sei unaufschiebbar, morgen soll ich
sie ersäufen.
so gegen abend müßten sie dann bei euch
eintrudeln.
hochachtungsvoll.

ode an mein reimlexikon
(thema: aufwiedersehen)

draufniedergehen
saufliederwehen
laufschieberdrehen

raufgliederstehen
kaufmiedernähen
tauffliederflehen

schnauf wider ehen

aufwiedersehen

löztüs gäbäät

libber tag du tottest nest
ulten fischers lebbensrest
zupf mirr unne nachtickgall
stopf misch aus mit sonnenball
schiß mi in ma lerres boot
tret misch aus im abbendrot

säufzender anhang

.........fort....alibabas alibi........du
würgeengel im schweinekümmel......adee....
......gingst........müllidyll...........
............ahoi..schmatzmotzekatzenkotze
..oh.nein..mein schellenreim............
....auch.jahr des bügeleisens........fort
......punktpeng....................oje

achja.....an dingsbums...oh.....ung ung...
....du dadalektischer gestunk......verzeih
mir...grüne weise...und...eine nacht im ei
das riesenrind verklemmt im spint........
achja..............................ohweh
     ich geh
              oweih
mein licht
     verglimmt
          mit mir verstimmt
                              goodbuy

inhalt

Quellennachweis

Borgmann, Ulf; DER HUND SCHLÄGT ZU
Illustration: Manfred Bofinger
daraus:

ICH SCHENK DIR 10
I 21
DICHTER NEBEL 43
AUF DEM QUARKPLATZ 44
ZAUNKÖNIGS SONNTAG 47

KinderBuchVerlag, Berlin, 1991
ISBN 3-358-02042-8